Pequeños Héroes

HOMBRES EXTRAORDINARIOS

DE LA

HISTORIA AFROAMERICANA

Pequeños Héroes

HOMBRES EXTRAORDINARIOS

 DE LA

HISTORIA AFROAMERICANA

VASHTI HARRISON

Y KWESI JOHNSON

Traducción: Mercedes Guhl

SOBRE ESTE LIBRO

La ilustraciones de este libro se hicieron en Adobe Photoshop. La editora de la edición original en inglés fue Farrin Jacobs, con diseño de David Caplan y Kelly Brennan. La producción fue supervisada por Erika Schwartz, y la editora de producción fue Jen Graham. El texto se compuso en VH Font y True North.

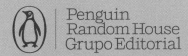

Penguin
Random House
Grupo Editorial

Título original: *Little Legends: Exceptional Men in Black History*
Primera edición: agosto de 2022

Traducción: Mercedes Guhl
Diseño de cubierta: Dave Caplan
Ilustraciones de cubierta: © 2019, Vashti Harrison
Diseño de interiores: David Caplan y Kelly Brennan
Diseño tipográfico de interiores: ©2022, Vashti Harrison

Impreso en México / *Printed in Mexico*

ISBN: 978-1-64473-381-3

22 23 24 25 26 10 9 8 7 6 5 4 3 2 1

PARA AQUELLOS

QUE ASPIRAN A NO SOLO SER GRANDES,

SINO TAMBIÉN BUENOS.

—VH

A UNO DE LOS MEJORES HERMANOS

QUE UN HOMBRE PODRÍA TENER,

UN VERDADERO HÉROE, PATEN LOCKE.

—KJ

Índice

Introducción

Este libro estuvo a punto de no existir. Mucha gente me pidió que lo hiciera, pero durante un tiempo no pensé que yo fuera la persona adecuada para ello. Sabía que, luego del impulso para contar las historias de las mujeres, no estaba en la misma situación en cuanto a las historias de los hombres. Pero sabía que otros autores sí podrían hacerlo, y yo estaba dispuesta a animarlos para que sacaran el proyecto adelante.

En muchos sentidos, hice mi primer libro, *Pequeñas líderes: mujeres excepcionales de la historia afroamericana*, pensando en mí cuando niña. Quería compartir las historias de mujeres afroamericanas notables que llevaron a cabo cosas asombrosas en distintos campos, porque yo necesitaba darlas a conocer. El libro llegó a ser un proyecto muy personal, y establecí una conexión muy profunda con todos los relatos. Y lo cierto es que en mi investigación descubrí que un libro tras otro, un documental tras otro, exaltaban más las historias de los hombres que las de las mujeres, así que no sentí una necesidad imperiosa de escribir sobre ellos. Pero me seguían llegando los pedidos de hacer el libro. Y al final encontré una manera de responder.

En los años transcurridos desde la publicación de *Pequeñas líderes*, he trabajado en otros proyectos y he crecido como autora y como artista, hasta llegar a comprender que este libro tal vez no será para esa versión más joven de mí misma, pero eso no lo hace menos necesario. Cuando empecé a ver las cosas desde esa perspectiva, encontré la pasión y el entusiasmo para hacer la investigación y escribir y dibujar. Quería que otros pudieran compartir la experiencia que yo había tenido con *Pequeñas líderes*.

Mi primer libro se inspiró en el Mes de la Historia Negra. Cuando Carter G. Woodson fundó la Semana de la Historia de los Negros en 1926, su mensaje principal era hacer un tributo a esas voces que habían sido silenciadas desde siempre. Por esa razón, en este libro decidí contar las historias de vida de hombres excepcionales, esas que no siempre se ven en los medios principales. Los listados de personalidades de raza negra casi siempre incluyen los mismo nombres: Martin Luther King, Nelson Mandela, Barack Obama, Jackie Robinson, y Malcolm X, entre otros. Aproveché esta oportunidad para darles un lugar a hombres como Robert Smalls y John Robinson, líderes y soñadores sobre los cuales no hay toda una serie de libros. Claro que también incluí otras figuras más conocidas, en caso de que me leyera alguien que viera este libro como su primera introducción a la historia de la comunidad negra. Fue un proceso de encontrar un delicado equilibrio; sobre todo, quería contar historias de hombres excepcionales. Sí, eran superiores al promedio y fuera de lo común, pero para mí *excepcional* tenía que ver también con excepciones a las expectativas que se tienen para los varones negros en la sociedad actual.

Los hombres en estas páginas fueron líderes, precursores, pioneros en sus campos; por lo general, fueron los primeros en el terreno en el que incursionaron. Desafiaron estereotipos y expectativas. Por supuesto que eran audaces y valientes cuando se necesitaba que lo fueran, pero también mostraron gentileza y compasión. Figuras como Charles Henry Turner y Charles R. Drew fueron educadores, dedicados a compartir su conocimiento y sus descubrimientos con la siguiente generación. Tanto Marshall "Mayor" Taylor y André Leon Talley rompieron esquemas en campos que no necesariamente se asociarían con hombres negros: ciclismo y moda femenina. Abrieron un espacio para sí mismos y para otros hombres de color cuando esto implicaba convertirse en blanco fácil. Casi siempre, ellos tuvieron que superar el racismo para llegar adonde querían y, cuando llegaron, lograron cosas increíbles. A veces tuvieron que ser resilientes y aguantar, pero los definía su pasión, su paciencia y su bondad. Y por eso se les considera héroes.

Veo este libro como un hermano de mi primer libro, no como "la versión para niños" del primero o como un libro solo para los chicos. Mis dos libros son para todo tipo de lectores. En este, reúno historias de hombres, pero son para todos los lectores, al igual que en *Pequeñas líderes*. Sea quien seas, hay una historia precisa para ti en las páginas que encontrarás a continuación. Los pequeños héroes están aquí para llevarte a un viaje por la historia. ¡Deja que inspiren tu futuro!

Benjamin Banneker
1731 – 1806

Aunque Benjamin solo pudo asistir a la escuela unos años para luego irse a trabajar en la granja de su padre, mantuvo el amor por la lectura y el estudio. Llegó a ser tan bueno en matemáticas que desde todos los rincones de Maryland acudía gente para ponerlo a prueba y ver la rapidez con la que respondía a las preguntas y problemas. También hacía preguntas de matemáticas en forma de poemas.

Para aprovechar sus dotes ayudando a la gente, a los quince años creó un sistema de riego que mantenía el flujo de agua para los cultivos de su granja. Resultó ser tan eficaz que ni en épocas de sequía se detuvo la producción. En 1753, quedó fascinado con el reloj de un amigo y, como en aquella época había muy pocos, su dueño accedió a prestárselo. Benjamin lo estudió y terminó por armar uno por sí mismo, el primero fabricado en las colonias de Norteamérica.

La noticia del reloj se difundió por todo Maryland, y George Ellicott, un terrateniente aficionado a la astronomía, fue a visitar a Benjamin. Se hicieron amigos, y George le prestó parte de sus aparatos y libros de astronomía. Fue tal su obsesión por las estrellas que pasaba las noches tendido al aire libre para observar el cielo, y se iba a dormir al amanecer. Como de día estaba en la cama, la gente pensaba que era perezoso. A medida que aprendía más, Benjamin llegó a encontrar errores en los libros de George.

Alrededor de 1791, elaboró una efemérides, una tabla con las posiciones de los planetas y las estrellas. Un primo de George, Andrew, la leyó y le pidió a Benjamin que le ayudara en un proyecto muy especial: hacer el levantamiento topográfico de los terrenos que se convertirían en Washington D. C., la nueva capital del país. Este aceptó y se pusieron manos a la obra.

Cuando el proyecto concluyó, Benjamin regresó a su granja para trabajar en un almanaque, un libro con los eventos naturales próximos. Utilizó sus escritos para señalar lo injusto de la esclavitud y para defender el carácter humano y la inteligencia de la raza negra.

Benjamin fue un científico e inventor excepcional que ayudó a moldear la historia de los Estados Unidos a través de la observación atenta y la dedicación.

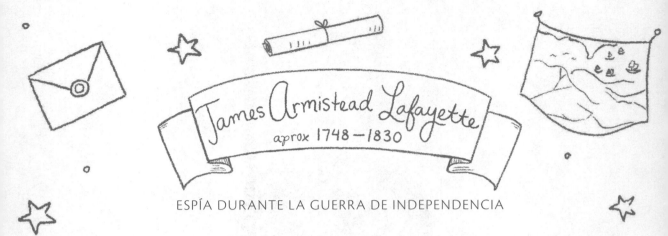

James Armistead Lafayette
aprox 1748 – 1830

ESPÍA DURANTE LA GUERRA DE INDEPENDENCIA

No se sabe mucho de la vida de James antes de la guerra de independencia. Nació esclavo en Virginia, y su amo le enseñó a leer y escribir para que pudiera hacer mejor su trabajo de aprovisionamiento militar.

Durante la guerra contra los ingleses, James escuchó que cualquier esclavo que combatiera con el ejército estadounidense sería liberado si los americanos salían victoriosos. En 1781, con el permiso de su amo, se alistó y fue asignado al mando del Marqués de Lafayette, un joven aristócrata francés que luchaba por la causa independentista. Al principio, James utilizó su conocimiento del terreno para llevar mensajes, pero después él y Lafayette pensaron que sería mejor que James espiara a los ingleses.

Fingiendo ser un esclavo en fuga, llegó al campamento inglés al mando de Lord Charles Cornwallis. Allí ayudó a que sus tropas se desplazaran por tierras desconocidas. Nadie sospechaba que supiera leer y escribir, así que los generales y sus soldados hablaban de sus tácticas frente a él, y tuvo acceso a los mapas y planes de los ingleses. Sin que nadie lo supiera, memorizó detalles y le comunicó todo a Lafayette. ¡Los ingleses llegaron a confiar tanto en él que le pidieron que espiara a los estadounidenses! Aceptó, pero les entregaba solo datos falsos. Gracias a la información precisa sobre el número de tropas enemigas, su moral y sus estrategias, el ejército revolucionario pudo derrotar a los ingleses en la batalla de Yorktown, y con eso la guerra llegó a su fin. Cornwallis se debió llevar una sorpresa mayúscula al entrar al cuartel de Lafayette para rendirse y encontrar allí a James.

Tras la guerra, los esclavos que habían combatido fueron liberados, pero eso no sucedió con James, pues no había sido técnicamente un soldado. Nadie le hizo caso al solicitar su liberación. Al fin, cuando Lafayette redactó una carta elogiando su labor, la petición fue aceptada, y en 1787 alcanzó la libertad. James adoptó el nombre de Lafayette como homenaje a su comandante y amigo. Este gran héroe estadounidense pasó el resto de su vida dedicado a su familia y a su granja, siendo secretamente unos de los mayores héroes de los Estados Unidos.

Frederick Douglass
1818 – 1895

ORADOR, ABOLICIONISTA

Frederick fue separado de su madre cuando aún era un bebé. Comprendió que, como esclavo en una plantación de Maryland, lo consideraban una pertenencia y así lo trataban. A los ocho años fue enviado a trabajar para Hugh Auld, cuya esposa le enseñó a leer. Era ilegal instruirlos, una táctica utilizada para impedir que los esclavos progresaran. Cuando Hugh se enteró, interrumpió las lecciones, pero Frederick ya había aprendido lo suficiente como para continuar por su cuenta. Uno de los primeros libros que tuvo fue una recopilación de discursos. Así que perfeccionaba su lectura y a la vez practicaba oratoria y articulaba argumentos, algo por lo cual se haría famoso.

Como cristiano convencido, Frederick no podía entender que los amos de esclavos distorsionaran los evangelios para reforzar la idea de la esclavitud. Trató de huir muchas veces e, incluso, intentó falsificar documentos de viaje. Fue descubierto, acusado de alborotador y torturado. En 1838, al fin logró escapar al norte.

Una vez libre, luchó por abolir la esclavitud. En 1841, habló en una convención antiesclavista. El público estaba fascinado con su elocuencia. La gente del norte no entendía las vivencias de los esclavos, así que Frederick publicó su autobiografía, *Narrative of the Life of Frederick Douglass, an American Slave* (*Vida de un esclavo americano*). Se convirtió en un éxito, pero no todos creyeron que la hubiera escrito o que fuera verdad, así que escribió un segundo libro, esta vez con los nombres de sus amos. Fue un gran riesgo, y tuvo que irse al Reino Unido para evitar que lo volvieran a capturar. Allí pronunció discursos en público, y dos personas que lo apoyaban negociaron para comprar su libertad en los Estados Unidos.

Publicó varios periódicos abolicionistas, entre ellos *The North Star* (*La estrella del norte*). Llevó sus ideas antiesclavistas al presidente Lincoln, y defendió los derechos de los soldados negros en el ejército del norte durante la guerra de Secesión. También apoyó el sufragio femenino. Sus reivindicaciones llevaron a la aprobación de las enmiendas 13, 14 y 15 de la Constitución, y se lo considera una de las figuras más importantes de la historia mundial.

Bass Reeves
1838–1910

ALGUACIL DEL ESTADO

Bass nació esclavo en Arkansas. De niño sirvió al coronel George Reeves, quien le permitió aprender a usar una escopeta. Era tan buen tirador que, incluso, se destacó en concursos de tiro al pavo. Cuando la gente veía su puntería, le impedían concursar. Bass entendió que por ser esclavo nunca podría ganar.

George se llevó a Bass a combatir con él en el ejército del sur durante la guerra de Secesión. Bass pudo escapar a tierras indígenas, en la actual Oklahoma. Allí se ocultó hasta el final de la guerra, y aprendió la lengua, usos y costumbres de los pueblos seminola, cherokee y creek.

Era un extenso territorio sin ley, el verdadero salvaje oeste. Como los tribunales indígenas no tenían jurisdicción sobre ciudadanos estadounidenses, muchos criminales se ocultaban en esas regiones. Era función de los alguaciles estatales internarse en esas tierras y capturar a los villanos. En 1875, cuando el jefe de los alguaciles iba a nombrar a sus asistentes, pensó en Bass, que conocía el terreno, hablaba las lenguas de la región y tenía una puntería increíble. Fue uno de los primeros alguaciles negros en los Estados Unidos.

Era un oficio peligroso. En esos tiempos, más de cien alguaciles resultaron muertos cumpliendo con su deber. A él nunca llegaron a herirlo, pero sí vio las balas de cerca unas cuantas veces, y en una ocasión un tiro le derribó el sombrero. Logró capturar cerca de tres mil delincuentes. En poco tiempo, la gente de todas partes conocía la reputación de Bass: el enorme alguacil negro que nunca fallaba un tiro. Podía disparar con ambas manos, pero prefería hacerlo solo cuando no tenía más opción, pues elegía enredar a los delincuentes con disfraces y trucos hasta arrestarlos. Pero a Bass no solo le interesaban los malos, adoraba a los animales y hacía hasta lo imposible para oponerse a la crueldad contra ellos.

Se dice que el Llanero Solitario, el héroe de antifaz del viejo oeste, se inspira en Bass. No hay manera de comprobarlo, pero lo que sí sabemos es que Bass existió de verdad, y que era uno de los buenos que luchó por la justicia.

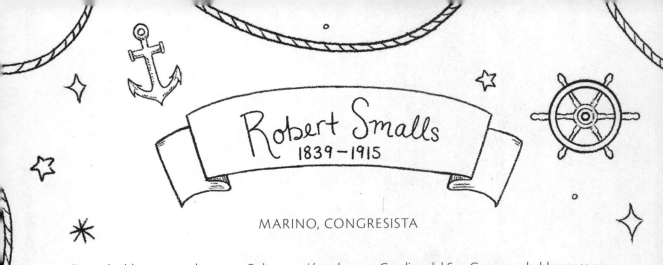

Robert Smalls
1839–1915

MARINO, CONGRESISTA

De padre blanco y madre negra, Robert nació esclavo en Carolina del Sur. Como probablemente su padre era uno de los blancos de la plantación, de niño recibió un trato especial y pudo trabajar en la costa en Beaufort. Pero su madre se aseguró de enseñarle los riesgos que alguien de su raza enfrentaba en los estados esclavistas del sur.

Navegaba con destreza y llegó a alcanzar el puesto de timonel, que era el piloto del barco y el nivel más alto al que podía aspirar alguien como él. A los diecisiete años, se enamoró de Hannah, una esclava que era camarera de hotel. Pretendía comprar su libertad, pero nunca llegaría a reunir tal cantidad de dinero. Si querían estar juntos, tendrían que fugarse.

Como ya llevaba muchos años navegando cuando comenzó la guerra de Secesión, conocía muy bien el litoral, en los alrededores de Charleston. En 1862, trabajaba a bordo del *Planter* que llevaba armas y provisiones para el ejército del sur, y allí vio su oportunidad de huir. Cuando los oficiales blancos desembarcaron para pasar la noche en tierra, Robert se puso un gran sombrero y guantes, de manera que los soldados pensaban que era el capitán. Sin hacer ruido, la tripulación negra embarcó a sus familias y a otros esclavos, y zarpó rumbo al norte, navegando sigilosos entre los fuertes confederados. Cuando llegaron a la barrera del ejército enemigo, izaron una bandera blanca, y Robert entregó la nave junto con todas las provisiones que llevaba a bordo. ¡Con esto se convirtió en héroe nacional, toda una celebridad! Incluso, conoció a Abraham Lincoln y trabajó reclutando efectivos para el ejército y la armada del norte hasta el final de la guerra. Después no dejó de luchar. Regresó a Carolina del Sur, abrió una escuela y fundó un periódico para gente de color. Su historial como héroe de guerra le ayudó a ser delegado en la convención constitucional después de la guerra en Carolina del Sur. En 1874 fue elegido miembro de la Cámara de Representantes de los Estados Unidos.

Robert fue un hombre osado y decidido que luchó por su país, por su gente y por su libertad.

Charles Henry Turner
1867 – 1923

ZOÓLOGO, EDUCADOR

De niño, a Charles le encantaban los insectos. Se pasaba el día observando animales o leyendo en la enorme biblioteca de sus padres. Su madre había sido esclava y le inculcó la idea de que la educación llevaba a una vida mejor.

Charles se graduó como el mejor de su curso y estudió Biología. En la Universidad de Cincinnati, publicó estudios sobre el cerebro de los pájaros y de algunos invertebrados, y fue el primer afroamericano cuyos artículos aparecieron en revistas como *Science* y *Journal of Animal Behavior*. Después, sería la primera persona de su raza en obtener un doctorado en Zoología en la Universidad de Chicago.

A lo largo de su carrera, Charles se esforzó, probablemente a causa de su raza, por conseguir un trabajo estable en una universidad para poder seguir adelante con sus investigaciones. Se dedicó a luchar por los derechos civiles y defendió activamente que los estudiantes negros recibieran una buena educación. Incluso soñaba con abrir su propia escuela. No llegó a hacerlo, pero acabó estableciéndose en St. Louis, y enseñó en la secundaria Sumner, una escuela con impacto histórico.

A pesar de que no tuvo acceso a instrumentos costosos y laboratorios de vanguardia como otros científicos, consiguió desarrollar métodos de investigación con los cuales logró descubrimientos increíbles. Con experimentos, determinó que las abejas pueden ver en colores. Con laberintos que construyó, entendió que las cucarachas y las orugas aprenden a través de prueba y error. Descubrió que las hormigas se orientan usando la luz y ciertos hitos en el terreno. Y demostró que los insectos tienen recuerdos y que alteran su comportamiento a partir de estos. También fue el primero en notar que las hormigas dan un rodeo alrededor de su hormiguero, y ese movimiento lleva su nombre: círculo de Turner. Hacia el final de su vida, había publicado más de setenta estudios que cambiaron la manera de entender a los insectos.

Charles valoraba la dedicación y el conocimiento. Enseñó con el ejemplo, y amplió para siempre nuestra comprensión de los diferentes comportamientos de la naturaleza.

Arturo Schomburg
1874 – 1938

HISTORIADOR

De niño, en Puerto Rico, Arturo le preguntó a su maestra por qué no había nadie negro en sus libros de historia. Ella le respondió que la gente negra no tenía historia. A pesar de su corta edad, Arturo sabía que eso no podía ser cierto, y dedicó su vida a investigar, recopilar y preservar las historias de personas de origen africano en todo el mundo.

Comenzó a buscar por su propia cuenta y supo de la existencia de figuras como la poeta Phillis Wheatley y el inventor Benjamin Banneker. Lo maravillaba este personaje que había armado el primer reloj en Norteamérica. ¿Por qué no había monumentos en su honor?, se preguntó. Y ese fue el comienzo de su misión en busca de historias sobre el legado de la negritud.

En 1891, se trasladó a la ciudad de Nueva York y allí trabajó como asistente en un juzgado. Su principal tarea era organizar y archivar documentos, actividades que, a la larga, le resultarían muy útiles. En los Estados Unidos pudo dar rienda suelta a su nueva pasión: los libros raros. Lo que buscaba eran libros sobre negros o de autores negros, y casi siempre costaban poco. Arturo los veía como algo valioso, cual tesoros.

Su biblioteca pronto creció de tal forma que ya no pudo tenerla en su casa. En 1926 le vendió su colección completa a la Biblioteca Pública de Nueva York por diez mil dólares, y quedó resguardada en la sede de la calle 135 en Harlem. El dinero lo usó para viajar a Europa, con el fin de buscar obras de arte que representaran a negros.

Arturo dedicó su vida a preservar la cultura de su gente, a apoyar la liberación de Puerto Rico y a luchar porque se incluyeran cursos de historia negra en el sistema educativo estadounidense. En 1972, la Biblioteca de Nueva York transfirió su colección a un edificio que luego sería el Centro Schomburg para la Investigación de la Cultura Negra.

Arturo hizo de una simple pregunta un pasatiempo que se convertiría en una pasión, que a su vez transformó la manera de documentar la historia cultural en los Estados Unidos. Sin su curiosidad y entusiasmo, una buena porción de la historia hubiera podido perderse para siempre.

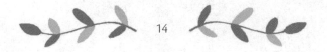

Garrett Morgan
1877 – 1963

INVENTOR

A Garrett siempre le interesó el funcionamiento de las cosas. Solo cursó la escuela primaria, pero no dejó que eso le impidiera progresar. A los catorce años ya había trabajado haciendo todo tipo de reparaciones, y a los dieciocho había conseguido aprender por su cuenta lo suficiente para emplearse en las fábricas de máquinas de coser alrededor de Cleveland. En 1901, vendió su primer invento (una pieza para máquina de coser), y unos años después logró abrir su propio taller. Pronto se convirtió en hombre de negocios e inventor exitoso.

En 1914, registró una patente por su siguiente invento. Al presenciar un incendio, vio que los bomberos combatían las llamas sin protección para los ojos o la cara. Pensó que una máscara podría evitar que inhalaran humo. Diseñó una máscara de seguridad que cubría la cara y que, a través de una manguera que colgaba hacia abajo, permitía respirar aire fresco.

Muchos se resistían a comprar inventos concebidos por un negro, así que Garrett solía contratar actores blancos para llevar a cabo las demostraciones, dando una oportunidad a sus creaciones. Con el tiempo, su negocio creció, y los cuerpos de bomberos de Ohio, Pennsylvania y Nueva York usaban su máscara. Pero además de inventor y hombre negocios, Garrett era un héroe. Tras la explosión de un túnel, en 1916, se puso su máscara y salió al rescate de los trabajadores. ¡Logró salvar dos vidas!

En 1923, registró una nueva patente. En ese momento, los automóviles se hacían populares y compartían las calles con carretas de caballos, bicicletas y peatones. Las señales de tráfico pasaban del SIGA al ALTO sin previo aviso, y era peligroso. Tras ser testigo de un choque aparatoso, tuvo una idea para una señal de alerta. ¡Era precursora de los colores rojo, amarillo y verde que usamos en los semáforos hoy en día!

Garrett le prestaba atención al mundo que lo rodeaba y buscaba oportunidades en todo. Demostró que los inventos no eran solo cuestión de ideas novedosas, sino que también podían servir para mejorar las existentes, para ayudar a la gente y hacer del mundo un lugar más seguro.

Marshall "Mayor" Taylor
1878 – 1932

CICLISTA

Marshall nació en Indianápolis. A los doce años recibió su primera bicicleta, y practicaba sus habilidades ciclísticas repartiendo el periódico. En 1892 ya era tan bueno con las piruetas que una tienda de bicicletas de la ciudad lo contrató para hacer demostraciones ante el local y así atraer clientes. A menudo se presentaba con un uniforme de soldado y eso le ganó el apodo de Mayor. El dueño de la tienda lo inscribió en una carrera ciclística a los catorce años, ¡ganó! Y aunque todavía era un aficionado atrajo la atención de muchos, incluso la del antiguo corredor Louis Munger, que decidió entrenarlo porque entendía todo el potencial que tenía Mayor.

El ciclismo era el principal deporte en los Estados Unidos, pero, como todo lo demás durante la era de Jim Crow, el entorno era increíblemente racista. A Mayor, a menudo, se le impedía competir. Sus habilidades entretenían a muchos, pero otros no mostraban tanto entusiasmo. Con frecuencia lo sacaban de la pista, solo por el hecho de competir y ser negro.

En 1896, participó en la Carrera de los Seis Días, un certamen agotador de veintiocho participantes, en el que ganaba quien diera más vueltas a la pista en seis días. Era una prueba de resistencia, fortaleza y voluntad. Mayor era el único afroamericano. Terminó en octavo lugar, cosa nada fácil. Recorrió 1 732 millas en 142 horas, más o menos la distancia entre Nueva York y Texas.

Esto lo puso bajo los reflectores del ciclismo. En 1899, ganó la prueba de velocidad de una milla en los Campeonatos Mundiales en Montreal. Fue el primer afroamericano en ganar un premio mundial en ciclismo, y el segundo deportista negro en llegar a un podio mundial, tras el boxeador canadiense George Dixon. Durante un tiempo, Mayor ostentó siete récords mundiales.

Su carrera enfrentó todo tipo de obstáculos. Pero Mayor se abría paso a donde quiera que fuera, y hoy en día muchos grupos de ciclismo en el mundo entero le rinden tributo. En 1989, fue incluido póstumamente en el Salón de la Fama del Ciclismo de los Estados Unidos para ser recordado como el pionero que fue.

Harold Moody
1882–1947

MÉDICO, PREDICADOR, ACTIVISTA A FAVOR DE LA REFORMA SOCIAL

Nacido en Kingston, Jamaica, Harold era considerado un ciudadano británico, igual que todas las personas de las colonias británicas del Caribe, por lo que se entusiasmó cuando fue admitido en el King's College de Londres para estudiar Medicina.

Sin embargo, en Londres, donde vivían pocos negros, reinaba el racismo. Los londinenses blancos los miraban fijamente e incluso les gritaban en la calle. Había casos en que los exhibían como animales de zoológico. A Harold le fue difícil encontrar vivienda, pues lo rechazaban como inquilino. Tras graduarse, no pudo trabajar en un hospital porque la jefa de enfermeras no quería que un negro ejerciera allí, y abrió su propio consultorio. Cuando se casó con Olive Tranter, una enfermera blanca, a ella la acusaron de traidora.

Él pensaba que todo eso estaba mal, y empezó a oponerse, a su modo callado y persistente, a la llamada "barrera del color". Abrió su casa a otros inmigrantes negros necesitados de un lugar para vivir, un trabajo o una comunidad. Lo invitaban a predicar, y llamaba a las congregaciones mayoritariamente blancas a combatir los prejuicios. Pero, aunque se empeñaba, nadie allí podía imaginar las vivencias de la raza negra o identificarse con ellas.

Como vio que debía ser más proactivo, fundó la Liga de las Personas de Color(LCP, por sus siglas en inglés), para cabildear con el gobierno y las empresas para mejorar sus políticas hacia la comunidad negra. Otros activistas pensaban que Harold era demasiado cortés, pero así fue como consiguió abrir puertas. La LCP se esforzó porque los hospitales contrataran más enfermeras negras, se modificara la manera en que los libros de texto representaban a los negros, y se pusiera fin a la discriminación en el acceso a la vivienda. Durante la Segunda Guerra Mundial, exigió trato igualitario para soldados y marinos negros. Y tuvo éxito al conseguir reformas en el modo en que el Reino Unido gobernaba sus colonias en el Caribe.

Harold fue un visionario y activista en pro de la justicia. Se esforzó para que en Gran Bretaña la raza no fuera una barrera para la gente, y que todos tuvieran una oportunidad.

Oscar Micheaux
1884 – 1951

CINEASTA

Oscar creció en una granja en Metropolis, Illinois, siendo el quinto de trece hijos. El trabajo del campo no se le daba bien, pero era un vendedor nato que, por los productos de la granja, llevaba más dinero a casa que sus hermanos. En la escuela era conversador y curioso, algo rebelde y decidido a alcanzar el éxito.

A los diecisiete años se mudó a Chicago e hizo varios oficios antes de conseguir un empleo en el ferrocarril y viajar por todo el país. Ahorró dinero suficiente y, en 1905, compró tierras en Dakota del Sur. Allí reapareció su falta de aptitud agrícola, pero se empeñó en trabajar y, en 1910, su granja había llegado a cubrir quinientos acres.

Escribió varios artículos para periódicos y luego un libro, *The Conquest* (*La conquista*), sobre su vida como colono en Dakota del Sur, alentando a las personas de su raza a hacerse granjeros y dejar los campos del sur y las ciudades del norte. Oscar vendía su libro de puerta en puerta, y así consiguió suficiente dinero para comenzar su propia editorial, la Western Book Supply Company.

Su tercera publicación, *The Homesteader* (*El granjero*), atrajo la atención de una productora de cine formada solo por negros, para hacer una película sobre el libro. Pero cuando Oscar dijo que él la dirigiría, se rehusaron. Así que convirtió su editorial en productora cinematográfica e hizo el primer largometraje filmado por una persona negra.

Oscar grabó cuarenta y cuatro películas a lo largo de treinta años. El presupuesto nunca era suficiente, pero eso no le impidió seguir adelante. Él mismo se encargaba de montar luces y cámaras, y filmaba cada escena en una sola toma. Una vez que tuvo una reunión con un cliente que llegó con un abrigo vistoso, Oscar le cogió el abrigo y se excusó como si fuera a colgarlo, pero aprovechó para filmar a su actriz con el abrigo antes de dejarlo en una percha y volver a su reunión.

Sus películas mostraban a los negros como seres humanos complejos, a diferencia de las películas de Hollywood de entonces, donde eran solo sirvientes o bailarines. A pesar de todas las limitaciones que enfrentó, Oscar nunca dejó de esforzarse por alcanzar sus metas.

Paul Robeson
1898-1976

CANTANTE, ACTOR, ACTIVISTA

Paul se destacaba en muchos campos. En la escuela, participaba en debates y concursos de oratoria, cantaba, actuaba en obras de teatro y practicaba todos los deportes. Pero tenía que soportar el racismo constante de Nueva Jersey antes de la lucha por los derechos civiles. Su padre, un pastor presbiteriano que había nacido esclavo, le inculcó el impulso triunfador, por encima de los prejuicios. Entró a la Universidad de Rutgers con una beca. Además, era un deportista fabuloso y alcanzó la fama como estrella del fútbol americano. Si bien pudo dedidirse por los deportes, optó por las leyes.

En 1923, se graduó de la Escuela de Leyes de Columbia y pasó a trabajar en una firma de abogados blancos, pero fue recibido con hostilidad racial por sus colegas y los clientes, así que pronto renunció. Había participado en obras de teatro en la escuela y se volcó de tiempo completo en la actuación. Llegó a protagonizar *Otelo*, de Shakespeare. Un grupo de escritores y productores de Broadway estaban creando un musical multirracial, *Show Boat*, e incluyeron un papel para él. Pero no pudo actuarlo sino hasta 1928, en Londres; luego en 1932, en un nuevo montaje de Broadway; y en la película de 1936, con su legendaria interpretación de la canción "Ol' Man River".

Sus dotes de actor y cantante lo llevaron por todo el mundo, y se dio cuenta de lo diferentes que eran las relaciones entre razas en Europa y la Unión Soviética. Desarrolló claras ideas de izquierda que lo alinearon con el Partido Comunista. Hizo campaña por los derechos de la clase obrera y se manifestó a favor del trabajo y la paz. Llegó a ser un líder activista y ayudó a formar a otros, como Claudia Jones y Harry Belafonte. Como el comunismo se consideraba antiestadounidense, en 1950, el Departamento de Estado buscó silenciarlo, prohibiéndole salir del país. Fue incluido entre los vetados de la industria del entretenimiento, con lo cual su carrera se perjudicó.

Estrella del fútbol americano, académico, abogado, actor, cantante, activista por los derechos civiles… Paul hizo de todo. E, incluso, cuando nadie reconocía sus esfuerzos, siguió defendiendo a igualdad y la paz.

Aaron Douglas
1899–1979

PINTOR, ILUSTRADOR

Aaron siempre supo que quería ser artista. De niño, le gustaba imitar a su madre mientras dibujaba y pintaba con acuarelas. De muchacho, su escuela lo distinguió como uno de los alumnos con más aptitudes artísticas. Pero su trayectoria en el arte nunca fue fácil.

A los diecisiete años, cuando trabajaba en horarios extenuantes en una fábrica de maquinaria para poderse costear la universidad, empezó la Primera Guerra Mundial. Aaron aplazó su graduación y se alistó en el ejército, pero al principio lo rechazaron por su raza. Sus experiencias en la guerra, el trabajo agotador y la discriminación lo acompañarían el resto de su vida, y se convertirían en temas notorios de su pintura.

Al terminar la universidad, leyó en una revista sobre un nuevo ambiente artístico en Nueva York, que luego se conocería como el renacimiento de Harlem. La ilustración de la portada, un retrato de un famoso actor afroamericano, era de Winold Reiss. Esa representación tan profunda inspiró a Aaron, y se dio cuenta de que tendría que mudarse a Nueva York para hacer arte por y para la gente de su raza.

En Harlem, se unió a la comunidad de escritores y artistas de la que formaban parte Zora Neale Hurston, Augusta Savage y Langston Hughes, y estudió pintura con Winold. Allí desarrolló un estilo gráfico icónico, influenciado por el cubismo, el *art déco* y el arte del antiguo Egipto, y, con sus figuras audaces y poderosas, desafió los estereotipos de los afroamericanos. Sus obras aparecieron en portadas de libros y revistas y, en 1925, ilustró *The New Negro*, el relevante libro de Alain Locke, que lo consolidó como el principal artista del renacimiento de Harlem.

Quizás sus obras más significativas fueron sus murales a gran escala, como *Aspects of the Negro Life* (Aspectos de la vida de los negros) el mural de cuatro partes que le encargó la Biblioteca Pública de Nueva York. En esas coloridas escenas plasmó un montón de historias, símbolos y belleza. Creó un arte que esperaba que estimulara un sentido de orgullo racial. Esa idea también la desarrolló como maestro, al fundar el Departamento de Arte de la Universidad de Fisk.

Louis Armstrong
1901 – 1971

MÚSICO DE JAZZ

Louis nació en la cuna del *jazz*, Nueva Orleans. Su infancia fue difícil, en un vecindario tan peligroso que se conocía como *el campo de batalla*. Su primer trabajo, cuando tenía unos siete años, fue recoger chatarra por toda la ciudad. Mientras recorría las calles, hacía sonar una corneta de hojalata, y pronto se dio cuenta de que podía tocar una canción completa. Ahorró lo suficiente para comprarse una corneta y seguir practicando.

Pero vendrían más problemas. En 1912, en un festejo de Año Nuevo, fue arrestado por disparar una pistola. Lo enviaron a un hospicio para niños problemáticos. Lo increíble era que ese hospicio tenía una banda, estas agrupaciones han sido una parte integral de la cultura de Nueva Orleans desde finales del siglo XIX, y allí Louis recibió verdaderas lecciones de corneta. La banda desfiló por su vecindario, y su familia y amigos no podían creer que estuviera allí tocando. Fue el primer gran paso en su carrera musical.

A los once años acompañaba a un cuarteto vocal en las calles. El grupo llamó la atención del cornetista King Oliver, que se interesó por ayudarle a Louis con consejos sobre la técnica y habilidad. En 1918, ya se ganaba la vida en diversas presentaciones con la banda más famosa de la ciudad. En 1922, King lo invitó a Chicago donde se destacó con su sonido de fuerte influencia de Nueva Orleans. Entre 1925 y 1928 grabó sus primeros discos con su propia banda. Llegarían a ser unas de las grabaciones más influyentes de la historia del *jazz*. Se hizo famoso por sus improvisaciones como solista, su estilo inconfundible al cantar, y el *scatting*.

Louis tuvo muchos éxitos, entre ellos "La vie en rose" y "What a Wonderful World". Con los años, llegaría a recibir críticas de jazzistas más jóvenes, por su apariencia estereotipada para presentarse y su silencio en el campo político, pero a lo largo de su carrera derribó barreras y mostró una postura a favor de los derechos civiles. Recibió muchos sobrenombres, como Satchmo y Pops, pero se ganó el de Embajador Satch por su dedicación a difundir el *jazz* por el mundo.

Langston Hughes
1902 – 1967

POETA

De niño, Langston vivió en muchos lugares. Sus padres viajaban en busca de trabajo y su abuela fue la encargada de criarlo, pero él se sentía abandonado por sus padres. Su único consuelo eran sus libros.

Empezó a escribir desde muy niño. Cuando estaba en octavo grado, lo nombraron poeta de su curso, y sus primeros poemas se publicaron en el periódico escolar. En 1920, fue a visitar a su padre. Cuando el tren atravesó el Mississippi, Langston pensó en el enorme río, ligado a la historia de su raza. Pensó en cosas que su abuela le había contado, otras que había leído en libros sobre la esclavitud, y compuso uno de sus primeros grandes poemas, *The Negro Speaks of Rivers* (El negro habla de los ríos). Tenía apenas diecisiete años, pero su voz cargaba con la sabiduría de quien veía el mundo como realmente era. Le pedía al lector que se fijara en la humanidad en conjunto, no solo en los negros o los blancos.

En 1921, el poema fue publicado en *Crisis*, una importante revista del Renacimiento de Harlem. Langston se mudó a Nueva York para estudiar en la Universidad de Columbia y se convirtió en una de las principales voces creativas del movimiento. Escribía sobre el orgullo de la raza negra en un momento en el que aún no se consideraba que fuera algo digno de celebrarse. Su poesía fluía con ritmo, poderosamente marcada por el *blues* y el *jazz*.

En 1923, viajó al exterior y durante una temporada se radicó en París. Al regresar, trabajó como mesero en Washington D. C. Un día, uno de sus autores preferidos, Vachel Lindsay, acudió al lugar, y Langston le entregó algunos poemas. Vachel quedó muy impresionado y lo puso en contacto con las personas indicadas. En 1926 se publicó su primer libro: *The Weary Blues* (El blues cansado).

Fue el primer autor negro en poder ganarse la vida con sus escritos. Escribió obras de teatro y publicó relatos y más de dieciséis tomos de poesía. Usó sus textos para atraer la atención de personas de la clase trabajadora, concentrándose en la sociedad y la injusticia racial, y retratando la vida de los negros en los Estados Unidos.

Agárrate fuerte
a los sueños
¡Oh, blues!
Mi alma se
hizo profunda
como los ríos
Deja a América
er América otra vez
El blues
cansado
¡Nunca fue
América para mí!
Yo, también
Harlem
Sueños
La vida es bella
Lo que le pasa
a un sueño postergado
Mientras
envejecía
Mi gente

Charles R. Drew
1904-1950

CIRUJANO

Aunque era buen estudiante, Charles no tenía las calificaciones perfectas ni tenía claro qué era o que quería ser. Dos experiencias atrajeron su interés hacia la medicina: una lesión en un juego de fútbol y la tuberculosis de su hermana. Se apasionó por entender el funcionamiento del cuerpo. Se fue a Montreal para estudiar en la Facultad de Medicina de la Universidad de McGill. Esta escuela en Canadá tenía mejor reputación que la mayoría de las estadounidenses en cuanto al trato a los estudiantes de minorías. Se graduó como segundo de su clase, con 137 alumnos.

Durante su residencia como cirujano, trabajando con el bacteriólogo John Beattie, se interesó en la medicina transfusional, relacionada con la sangre y sus derivados. Gracias a sus investigaciones, Charles averiguó que al separar la sangre del plasma (la porción líquida de la sangre, sin las células sanguíneas) esta dura mucho más y permite que se almacene. Podía preservarse para enviarse a lugares lejanos o llevarse al campo de batalla. En 1940, luego de que Gran Bretaña fuera atacada por la Alemania nazi, a Charles se le pidió que encabezara una iniciativa médica especial para llevar sangre allí.

Meses antes de que los Estados Unidos tomara parte en la Segunda Guerra Mundial, fue nombrado director asistente de un nuevo banco de sangre de la Cruz Roja Nacional. Lograron acumular más de diez mil pintas de sangre para la guerra. Sin embargo, los militares determinaron que la sangre donada por afroamericanos tendría que separarse de la donada por blancos y que no podía usarse en transfusiones para ellos. La sangre no tiene características raciales, así que Charles sabía que esto era incorrecto, tanto en el plano científico como en el moral. Se opuso y, en 1941, renunció a su puesto. Volvió a la Universidad de Howard y se convirtió en el jefe de cirugía de su hospital. Pasó los siguientes nueve años trabajando con estudiantes y reivindicando la educación y la inclusión de afroamericanos en el campo médico.

Los descubrimientos de Charles permitieron salvar innumerables vidas y transformaron la medicina para siempre. Fue un pionero que mantuvo su postura a favor de lo correcto.

John Robinson
aprox 1905-1954

AVIADOR

Cuando niño, John fue testigo de algo asombroso: una nueva invención que atravesó las nubes y aterrizó frente a él en las azules aguas de Gulfport, Mississippi. La gente se arremolinó para poder ver la máquina voladora. Lo llamaban aeroplano. Como la mayoría de la gente de allí, John jamás había visto uno, pero desde ese día soñó con ser piloto.

Cuando tuvo la edad suficiente, se inscribió en el Instituto Tuskegee en Alabama, para estudiar Mecánica, y luego solicitó su admisión a la Universidad Aeronáutica Curtiss-Wright. Pero esta escuela no admitía a estudiantes negros. Eso no fue obstáculo para John que consiguió un puesto de mantenimiento y así podía asistir a las clases y leer los documentos que los estudiantes desechaban. Junto con su amigo y compañero Cornelius Coffey, fundó la Asociación de Pilotos Aéreos Challenger, para personas de raza negra interesadas en la aviación. Entre los dos construyeron su propio aeroplano. ¡Uno de los instructores de la universidad quedó tan impresionado que invitó a John a unirse a la escuela!

Tras graduarse en 1931, pasó a enseñar en Curtiss-Wright. Luego abrió una academia de aviación para pilotos negros. En 1934, regresó a Tuskegee para fomentar el interés por la aviación entre los estudiantes. Sus esfuerzos llevaron a la formación del primer grupo de pilotos negros en la Fuerza Aérea de los Estados Unidos: los Tuskegee Airmen.

John pensaba que la comunidad negra debía ayudarse entre sí, sin importar su origen, por eso, cuando Italia invadió a Etiopía en 1935, John se unió como voluntario al ejército etíope para organizar una fuerza aérea. Sus aviones no tenían armas, así que hacían misiones de reconocimiento y aprovisionamiento que servían también para entrenar a los pilotos. Sus aventuras tuvieron repercusión internacional, y fue apodado el Cóndor Pardo de Etiopía.

Mucha gente sabe de los Tuskegee Airmen y su papel crucial en la Segunda Guerra Mundial, pero si no fuera por John y su perseverancia, ese programa de aviación no habría existido. Aunque pocos conozcan su nombre, su legado ayudó a moldear la historia de los Estados Unidos y la del mundo.

Thurgood Marshall
1908 - 1993

MAGISTRADO DE LA SUPREMA CORTE DE JUSTICIA

De niño, Thoroughgood (abreviado a Thurgood) solía discutir y meterse en problemas. Su castigo por ser parlanchín fue aprenderse de memoria la Constitución de los Estados Unidos, y tal vez no fue lo peor para él, pues más adelante se convertiría en todo un conocedor de temas constitucionales a nivel mundial.

A la hora de entrar a la universidad, Thurgood sabía que quería ser abogado. Esperaba estudiar en la Escuela de Derecho de la Universidad de Maryland (UMD), pero no pudo hacerlo por ser negro. La rabia y la frustración le despertaron un deseo de lucha por la justicia y la igualdad. Logró graduarse de Derecho en la Universidad de Howard, una institución históricamente negra. Poco después, en 1933, comenzó a trabajar con su mentor, Charles Houston, para la Asociación Nacional para el Progreso de las Personas de Color (NAACP). Quería colaborar en la lucha por los derechos civiles. Su objetivo era anular la sentencia de la Corte Suprema de Justicia que establecía que la segregación era legal mientras ambos grupos se mantuvieran "separados pero iguales". Los afroamericanos sabían que los lugares que les asignaban no eran iguales y no tenían las mismas oportunidades que los blancos.

Thurgood tenía prueba de esto: la Escuela de Derecho de UMD. Charles y él lograron que el caso llegara hasta los tribunales del estado de Maryland, sosteniendo que para poder acogerse a la ley de segregación, la universidad debería tener una segunda facultad que admitiera a estudiantes negros. ¡En 1936, ganaron el caso! Sería el primero en una larga lista que pretendía terminar con la segregación. Después, en 1954, Thurgood llevó ante la Corte Suprema el caso de Brown vs. la Junta de Educación de Topeka. Fue el paso radical que llevaría al fin de la segregación legal en el país.

En 1967, fue nombrado magistrado asistente de la Suprema Corte de Justicia de los Estados Unidos, convirtiéndose en el primer afroamericano allí. Durante su larga trayectoria, fue reconocido por su conocimiento constitucional e, incluso, ayudó a la ONU a redactar las constituciones para dos países recién formados: Ghana y Tanzania. Thurgood pasó buena parte de su vida luchando por la justicia, pero nunca perdió la esperanza en su largo camino.

Gordon Parks
1912–2006

FOTÓGRAFO

Gordon creció en medio de la pobreza y fue el menor de quince hermanos, así que tuvo que ingeniárselas para salir adelante. A los quince años, su madre murió y lo enviaron a vivir con su hermana mayor. A su marido no le gustaban los niños, así que pronto se deshizo del chico. Sin darse por vencido, aunque sin techo, siguió asistiendo a la escuela, y evitaba el frío nocturno viajando en los trenes que circulaban en las noches.

En la Gran Depresión, mientras trabajaba de camarero en un tren, se encontró una revista con fotos de trabajadores itinerantes. Las imágenes lo conmovieron, y pasó semanas estudiándolas. Más adelante, impactado por el heroísmo de un fotógrafo de guerra que conoció, decidió convertirse en fotógrafo, para poder capturar y compartir las realidades que había visto y vivido.

Fue autodidacta en fotografía. Con el tiempo, lo contrataron para sacar fotos en la Administración de Seguridad Agrícola, y allí documentó la pobreza y la discriminación, como en *American Gothic (Gótico estadounidense)*, una de sus fotos más conocidas. Durante años sirvió como cronista gráfico de la vida en los Estados Unidos, y hacía también fotos de moda. En 1948 lo contrató la revista *Life*, y fue el primer fotógrafo de color en la nómina.

Como se sentía afortunado por su éxito y quería ayudar a otros, empezó a escribir libros, primero sobre fotografía y luego sobre su vida. Su novela semiautobiográfica *The Learning Tree (El árbol del aprendizaje)*, de 1964, tuvo un impacto enorme y lo contactaron para hacer una película que escribió, dirigió, produjo y compuso, convirtiéndose en el primer director negro en Hollywood.

A lo largo de los años, escribió libros, dirigió películas, compuso música e, incluso, creó un ballet en honor a Martin Luther King. No solo sacó a la luz la experiencia afroamericana, sino que también dejó una huella duradera en la historia, el arte y la moda del país. Asumió los retos como oportunidades y aprovechó su visión y sus habilidades para compartir su vida y la de los demás con el mundo entero.

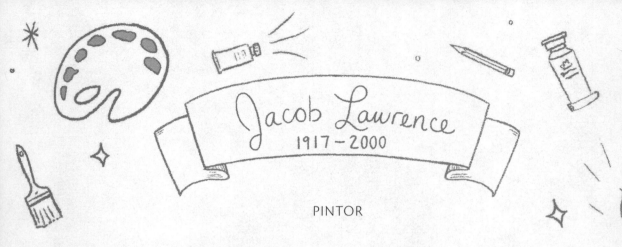

Jacob Lawrence
1917 – 2000

PINTOR

Jacob y su madre llegaron a Harlem, en la ciudad de Nueva York, en 1930. Formaban parte de una migración histórica de afroamericanos que viajaban del sur al norte en busca de oportunidades, empleo estable y mejores condiciones de vida. En el norte del país había posibilidades para la gente de raza negra, incluso, en las artes. Al intuir la energía creativa de su hijo de trece años, la madre de Jacob lo inscribió en un curso de artes al final de la jornada escolar. Era tan hábil que sus instructores solo querían dejarlo pintar libremente.

A Jacob a menudo se le asocia con el renacimiento de Harlem, pero él era apenas un muchacho en ese momento. Aunque no fue parte del movimiento en sí, algunos de los artistas del grupo se convirtieron en sus maestros. Charles Alston y Augusta Savage fueron sus guías en arte, y el historiador Charles Seifert lo alentó a explorar la historia de su raza.

Jacob combinó su estilo de pintura gráfica y moderna, con su apreciación de la historia, y comenzó una serie de obras biográficas. En 1938, a los veintiún años, completó su primera colección notable: una serie de 41 piezas que relataban la vida y logros del líder haitiano Toussaint L'Ouverture.

En un momento en que la historia de la raza negra no era apreciada, Jacob hizo un esfuerzo consciente para llevar el nombre de Toussaint al centro de la discusión. Luego pasó a pintar a otras figuras históricas, como Harriet Tubman y Frederick Douglass. Su obra más famosa es una serie que narra el viaje de los afroamericanos del sur hacia el norte, como la experiencia por la cual habían pasado su madre y él. Esta serie, *The Migration Series* (Migración) estaba formada por sesenta paneles, y catapultó a Jacob al estrellato artístico.

Pero no le gustó ser el centro de tanta atención, pues se sentía culpable por eclipsar a sus mentores, como Augusta y Charles, y dedicó el resto de su vida al arte y a ayudar a artistas más jóvenes. Es recordado por su uso del arte para examinar y plasmar las experiencias de los afroamericanos y sus luchas cotidianas.

Ousmane Sembène
1923–2007

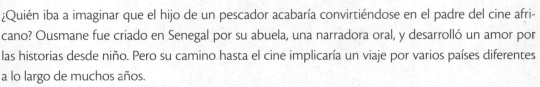

CINEASTA

¿Quién iba a imaginar que el hijo de un pescador acabaría convirtiéndose en el padre del cine africano? Ousmane fue criado en Senegal por su abuela, una narradora oral, y desarrolló un amor por las historias desde niño. Pero su camino hasta el cine implicaría un viaje por varios países diferentes a lo largo de muchos años.

Comenzó a trabajar muy joven como albañil y cargador en el puerto. Allí fue testigo de primera mano de las penurias de su gente. Participó en una huelga obrera, y vio el impacto de un grupo educado y unido sobre una institución poderosa. Luego llevaría esa impresión al cine.

En 1947, mientras trabajaba como líder obrero y estibador en Francia, se rompió la espalda llevando una pesada carga. En la convalecencia pasó muchas horas en una biblioteca, donde encontró a autores revolucionarios y pensadores de todo el mundo, menos de África. Fue entonces que decidió compartir las historias de los africanos y empezó a escribir.

Publicó varios libros retratando la vida de los senegaleses, revelando la corrupción en el gobierno y exigiendo un cambio social. En sus viajes por el África Occidental se dio cuenta de que, aunque la gente no sabía leer, sí iba al cine, así que optó por dedicarse al cine.

Su primer largometraje, *La noire de...*, en 1966, fue un paso importante y se estrenó en el Festival de Cine de Cannes, uno de los más importantes del mundo. Su siguiente película, *Mandabi*, en 1968, fue la primera que no fue realizada en francés, el idioma que predominaba en Senegal en la época colonial, antes de 1960, sino en wolof, una lengua indígena. Las películas de Ousmane irritaban a quienes estaban en el poder, pero él buscaba atraer su atención al hablar en nombre de la gente común. A pesar de que sus películas fueron censuradas, permaneció firme en sus principios y su visión, creando un estilo típicamente africano de cine, inspirado en las historias de tradición oral. Logró poner el cine africano en el mapa y es celebrado en todo el mundo por dar voz a los pueblos y culturas de su continente.

James Baldwin
1924–1987

HARLEM

ESCRITOR, ACTIVISTA

A los catorce años, James pensaba que llegaría a ser pastor, como su padrastro. Entonces, ya era un excelente orador, capaz de pronunciar un sermón ante una congregación. Pero ya se había dado cuenta de que era gay y se sentía frustrado con la iglesia. El racismo sistémico y la homofobia de una institución que se suponía que debía difundir mensajes de gracia y amor lo hacían sentir desorientado y solo. Dejó la iglesia y se concentró en desarrollar su escritura.

Durante un tiempo trabajó en diversos oficios, y escritores como Richard Wright y Countee Cullen fueron sus mentores. El racismo lo sofocó y dejó el país en 1948. Se fue a París, donde podía vivir y trabajar sin miedo. En 1953, publicó su primera novela, *Go Tell it on the Mountain* (Ve y dilo a la montaña), inspirada en sus vivencias con la religión, las clases sociales y el exilio.

En los Estados Unidos, el Movimiento por los Derechos Civiles florecía, y James quiso participar en él. En este periodo, sus escritos se centraron en lo que significaba ser negro en los Estados Unidos. Sentía que la segregación era la principal fuente de conflictos en el país, y que el racismo perjudicaba tanto a la sociedad blanca como a la negra. Hizo un llamado por la igualdad humana, para que la fraternidad triunfara sobre la violencia. A veces fue criticado por su pacifismo. Nunca albergó odio hacia nadie, solo hacia las circunstancias y las instituciones que le decían a la gente lo que debían hacer.

Se dio a conocer por exponer sus argumentos de una manera tan elegante que tanto negros como blancos lo escuchaban. Viajó por todo el país dando conferencias y discursos, y debatió y se hizo amigo de los principales líderes del momento.

Muchos de sus ensayos, poemas y novelas son considerados obras maestras, entre ellos *Notes of a Native Son* (Notas de un hijo nativo) y *The Fire Next Time* (La próxima vez el fuego). Escribió abiertamente sobre su sexualidad en un momento en que nadie más lo hacía. Por su obra y sus palabras, fue vigilado por el FBI, tal vez porque esta agencia estaba al tanto de la capacidad de James para aglutinar a la gente a su alrededor con sus mensajes claros y directos.

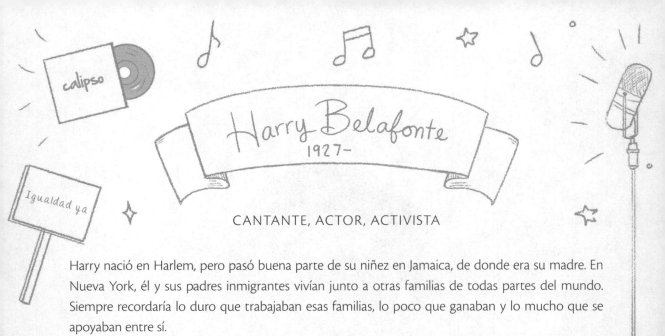

Harry Belafonte
1927–

CANTANTE, ACTOR, ACTIVISTA

Harry nació en Harlem, pero pasó buena parte de su niñez en Jamaica, de donde era su madre. En Nueva York, él y sus padres inmigrantes vivían junto a otras familias de todas partes del mundo. Siempre recordaría lo duro que trabajaban esas familias, lo poco que ganaban y lo mucho que se apoyaban entre sí.

La escuela le costaba, y sentía que no encajaba, así que a los diecisiete años la abandonó para unirse a la Marina de los Estados Unidos (más adelante descubrió que era disléxico, lo cual explicaba sus dificultades en la escuela). Después encontró su vocación por pura casualidad: mientras trabajaba como vigilante, recibió unos boletos de teatro como propina. Jamás había ido al teatro y se enamoró con lo que vio allí. Tomó clases de actuación y empezó a ir a audiciones, pero cuando consiguió un empleo en un club nocturno, cantando canciones populares, encontró la fama.

A medida que su carrera crecía, Harry dejó de cantar los éxitos conocidos y en su lugar interpretó las canciones tradicionales del Caribe que había oído de niño, como *The Banana Boat Song (Day-O)* (La canción del Bote Banana, Día O) y *Jump in the Line* (Salta en la línea). En los Estados Unidos nadie había oído nada parecido, y Harry se convirtió en toda una sensación, el rey del calipso.

A lo largo de su carrera, recibió muchos premios por sus presentaciones y también por su trabajo humanitario. Nunca aceptó papeles que hicieran desmerecer a su raza, y más tarde creó su propia compañía cinematográfica, que hizo películas desafiando los estereotipos con respecto a la comunidad afro. Harry dio voz a las culturas sin representación y llegó a cambiar la imagen de los negros en los medios.

Trabajó y luchó con su amigo Martin Luther King por los derechos civiles, en marchas y protestas, pero también animando a otras celebridades para que participaran. Incluso, ayudó a organizar la Marcha sobre Washington por el Trabajo y la Libertad en 1963. Harry aprovechó su talento, su popularidad y prestigio para ayudar a hacer un verdadero cambio en el mundo, y alentó a futuras generaciones de artistas a hacer uso de su voz para propósitos benéficos.

Alvin Ailey
1931 – 1989

COREÓGRAFO

De niño, en Texas, Alvin era muy callado, e iba con su madre de un lugar a otro. Siempre encontraban un sentido de comunidad en las iglesias negras y en los salones de baile de cada sitio. En 1943, se mudaron a Los Ángeles, y allí conoció la danza y el teatro.

Cuando estaba en secundaria, su clase fue seleccionada para ver el Ballet Russe de Monte Carlo y le tocó una función de la compañía de Katherine Dunham, uno de los primeros grupos negros de danza moderna de los Estados Unidos. Allí se despertó su interés en este arte. Sin embargo, no pensó en estudiar danza hasta que se inspiró en la presentación de un compañero en la escuela. ¡Alvin no podía creer que un muchacho estuviera bailando!

En 1949, se unió al grupo Dance Theater de Lester Horton, la primera compañía de danza integrada en los Estados Unidos. Los bailarines aprendían técnicas tradicionales de los indígenas norteamericanos, de la danza japonesa, caribeña, javanesa y balinesa. Fue alumno de Horton, de forma intermitente, durante los años siguientes. Cuando este falleció de forma repentina, Alvin ocupó el puesto de director y coreógrafo principal, aunque solo tenía veintidós años.

En 1954, se mudó a Nueva York. Quería compartir su arte y contribuir con el recién iniciado Movimiento por los Derechos Civiles. Formó la compañía Alvin Ailey American Dance Theater en 1958 y utilizó la danza para manifestar que la comunidad negra era parte de la cultura estadounidense. Su trabajo durante este período tenía que ver con su infancia en Texas. *Blues Suite*, su primer éxito en solitario, se inspiró en un salón de baile que había frecuentado. *Revelations* se basaba en su experiencia con la iglesia baptista y se sigue presentando hoy en día.

Se concentró en bailarines y coreógrafos negros, pero incluyó también a bailarines de todas las razas. La compañía fue apodada "embajadora cultural de los Estados Unidos ante el mundo", y viajó mucho. En 1969, abrió el Alvin Ailey American Dance Center para estimular la creatividad en comunidades marginadas. Ayudó a popularizar la danza moderna y atrajo a más afroamericanos a este campo. Compartió su visión de la negritud e inspiró a bailarines de todas partes.

Bill Russell
1934–

BASQUETBOLISTA Y ENTRENADOR

Bill fue un niño introvertido y algo torpe. Tras la inesperada muerte de su madre, Bill tuvo que formar un sólido equipo con su padre y su hermano para apoyarse. Durante el bachillerato, creció hasta alcanzar los 6 pies y 5 pulgadas, y lo reclutaron para el equipo de básquet. No era el mejor jugador, pero era listo y estaba atento. Miraba bien para imitar los movimientos de sus oponentes y así bloquear sus lanzamientos, cosa que en ese entonces se consideraba juego sucio. Pero le llevó a ganar y más adelante definió una nueva manera de entender la defensa.

Aunque todavía tenía que pulir sus habilidades, se esforzaba por ser buen miembro de equipo, y prestaba atención a lo que decían sus compañeros para así apoyarlos. A medida que mejoró, fue ganando campeonatos en el bachillerato y en la universidad, y llegó a ganar un oro olímpico. En 1956 se unió a los Celtics de Boston, y en los trece años que pasó en ese equipo, ganaron once campeonatos. En 1966, se convirtió en el jugador-entrenador de su equipo, haciendo de entrenador a la vez que jugaba. Fue el primer entrenador negro en la Asociación Nacional de Basquetbol (NBA)

Bill creía que los deportistas no solo debían ser admirados por su desempeño en la cancha, sino también por su vida fuera de ella. Siempre luchó por lo que le parecía correcto. Encabezó un campamento integrado de basquetbol para jóvenes en Mississippi, mientras recibía constantes amenazas racistas de parte del Ku Klux Klan. A mucha gente en Boston no le gustaba que Bill fuera tan claro y directo en sus posturas políticas. Llegaron a meterse en su casa para pintar las paredes y romper sus trofeos. Cuando se retiró, en 1969, prometió jamás volver a Boston.

En 2009, la NBA nombró el Premio al Jugador más Valioso de las Finales, en honor a Bill, y, dos años después, el presidente Barack Obama lo distinguió con la Medalla Presidencial de la Libertad. Con el tiempo, Boston cambió y la gente se dio cuenta de la importancia de Bill como jugador, entrenador y líder. En 2013 se instaló allí una estatua en su honor. A lo largo de su carrera, Bill trabajó duro. Nunca hizo concesiones con respecto a sus principios, solo esperó a que el mundo lo alcanzara.

Eddie Mabo
1936-1992

ACTIVISTA

Eddie nació en la isla de Mer, en el estrecho de Torres, situado entre Australia y Papua Nueva Guinea. Su gente eran los nativos de las islas y tenían sus propias costumbres, sus leyes y sus rituales pasaron de generación en generación. Eddie era decidido, ambicioso y además era rebelde, cualidades que lo convertían en un perfecto activista, pero cuando era adolescente le hicieron exiliarse de la isla durante un año por una infracción menor. Se trasladó a Queensland, una provincia de Australia.

Pero no regresó a Mer al terminar el año, sino que viajó, trabajó en diversos oficios y se involucró con la comunidad aborigen, despertando su espíritu combativo. Conoció a su esposa, Bonita, y ambos se dedicaron a luchar por los derechos indígenas y formaron una familia numerosa. En 1967, hizo campaña para conseguir el derecho al voto para los aborígenes australianos y los isleños. En 1973, junto con Bonita, abrieron la Escuela para la Comunidad Negra en Townsville, para ofrecerles a los niños aborígenes una educación cultural según su tradición. Pero fue a través de su trabajo de mantenimiento en la Universidad James Cook donde Eddie encontró un nuevo desafío.

En el campus, se hizo amigo de muchos profesores. A los de Humanidades, Eddie les hablaba de su hogar, sus tierras, de Mer. Los profesores se sorprendían al saber que Eddie creía que esa tierra le pertenecía, y él, a su vez, no podía creer que no fuera suya. En el siglo XVIII, cuando los colonizadores europeos llegaron a Australia por primera vez, establecieron reglas por las cuales esa área era "terra nullius" o "tierra de nadie", y podía pasar a ser propiedad del gobierno.

Eddie sabía que eso no estaba bien y comenzó una batalla legal para recuperar la propiedad tradicional de las tierras de su gente. El litigio llevó casi diez años. En ese periodo, su salud y su ánimo se vieron mermados, y en enero de 1992 murió. El 3 de junio de ese mismo año, la Corte Suprema de Australia dictaminó que los isleños tenían derecho a sus tierras. Esa ley de tierras se conoce ahora sencillamente como la decisión Mabo. El trabajo de Eddie cambió el paisaje legal y político de Australia para siempre. El 3 de junio se celebra el Día de Mabo.

Paul Stephenson
1937–

ACTIVISTA

A pesar de haber crecido durante la Segunda Guerra Mundial, Paul tuvo una niñez feliz. La guerra comenzó cuando tenía dos años, y fue evacuado de Londres hacia el campo. Como su madre estaba en el ejército y su padre había regresado al África Occidental, creció en un hogar de niños. Era la única persona de raza negra en el pueblo y lo trataban con gentileza, aunque para la mayoría era más bien una curiosidad. Lo de ser diferente en medio de los demás hizo que estuviera atento a las conductas de los adultos a su alrededor, un rasgo que le resultaría muy útil más adelante.

Cuando regresó a Londres, se enfrentó a la hostilidad racista por primera vez. Sin embargo, Paul se sentía orgulloso de ser británico y quería justicia para todos. A los quince años se unió a la Real Fuerza Aérea. Tras siete años de servicio, se mudó a Bristol, donde sería el primer trabajador social negro en la ciudad.

Al llegar allí, fue testigo del racismo que enfrentaban muchos inmigrantes caribeños. La Compañía de Autobuses de Bristol se negaba a contratar a choferes negros o asiáticos. Inspirado por Martin Luther King, Rosa Parks y otros activistas por los derechos civiles en los Estados Unidos, convocó a un boicot contra los autobuses que duró sesenta días. El 28 de agosto de 1963, el mismo día que Martin Luther King pronunció su discurso "Tengo un sueño", la compañía anunció que contrataría a choferes negros y asiáticos.

Pero fue más allá. En 1964, le negaron el servicio en un *pub* por ser de raza negra. Como protesta, se quedó allí hasta que lo atendieran. Fue arrestado, y el juicio recibió la atención de los medios de comunicación, obligando a la sociedad británica a encarar su racismo. Paul fue declarado inocente, y el primer ministro británico le prometió que las leyes cambiarían. En 1965, se aprobó la Ley de Relaciones Raciales, con lo cual la discriminación racial en los lugares públicos sería ilegal.

Paul mostró la importancia de luchar por lo que uno considera correcto, sin importar que la batalla sea grande o pequeña. Sacó a la luz el racismo británico y ayudó a iluminar el camino para tener un mejor país.

John Lewis
1940 - 2022

ACTIVISTA, CONGRESISTA

La gente siempre supo que John estaba destinado a ser un líder. De niño, soñaba con ser pastor: vestido con camisa y corbata, predicaba a los pollos de la granja. Pero, incluso, en casa, era consciente de la discriminación en Alabama. Las escuelas bonitas, las buenas bibliotecas y los buses nuevos estaban reservados para los blancos, y eso no le parecía justo. Sus padres le dijeron que no se metiera en esas cosas, pero él quería hacer algo por mejorarlas.

Casi a los quince años, oyó a Martin Luther King en la radio diciendo que las protestas no violentas, como las marchas y los boicots, estaban ayudando a acabar con la segregación. Esto fue una inspiración, y John asistió a su primera marcha. En la universidad, le escribió a Martin Luther King pidiéndole consejo para ir más allá. Lo increíble es que recibió respuesta, se reunieron, y pronto se convertiría en su amigo y mentor.

John organizó protestas pacíficas y participó en los Viajes de la Libertad, donde jóvenes activistas negros y blancos se sentaban juntos en restaurantes y autobuses segregados. A los veintitrés años, era uno de los seis líderes de los derechos civiles que trabajaban con Martin Luther King (a quienes les llamaban los Seis Grandes), y sería uno de los que organizó la Marcha sobre Washington por el Trabajo y la Libertad en 1963.

En 1965, junto con otros seiscientos manifestantes planearon marchar de Selma a Montgomery en Alabama. Al cruzar el puente Edmund Pettus, tropas de la policía estatal los esperaban para atacarlos e hirieron a muchos. Entre ellos estuvo John, con una fractura en el cráneo. Las imágenes de la marcha, de manifestantes pacíficos golpeados, llegaron a las noticias nacionales. El país estaba horrorizado, y esto provocó una ola de apoyo a los derechos civiles.

A lo largo de los años, John recibió muchos honores por su lucha por los derechos de sus compatriotas. Y siguió usando la no violencia. Ocupó un escaño en la Cámara de Representantes de los Estados Unidos, sirviendo al Quinto Distrito de Atlanta desde 1987. En 2016, encabezó una manifestación en el Capitolio para presionar a favor de las leyes de control de armas.

De niño, John soñaba con cambiar el mundo y, de adulto, siguió cambiándolo.

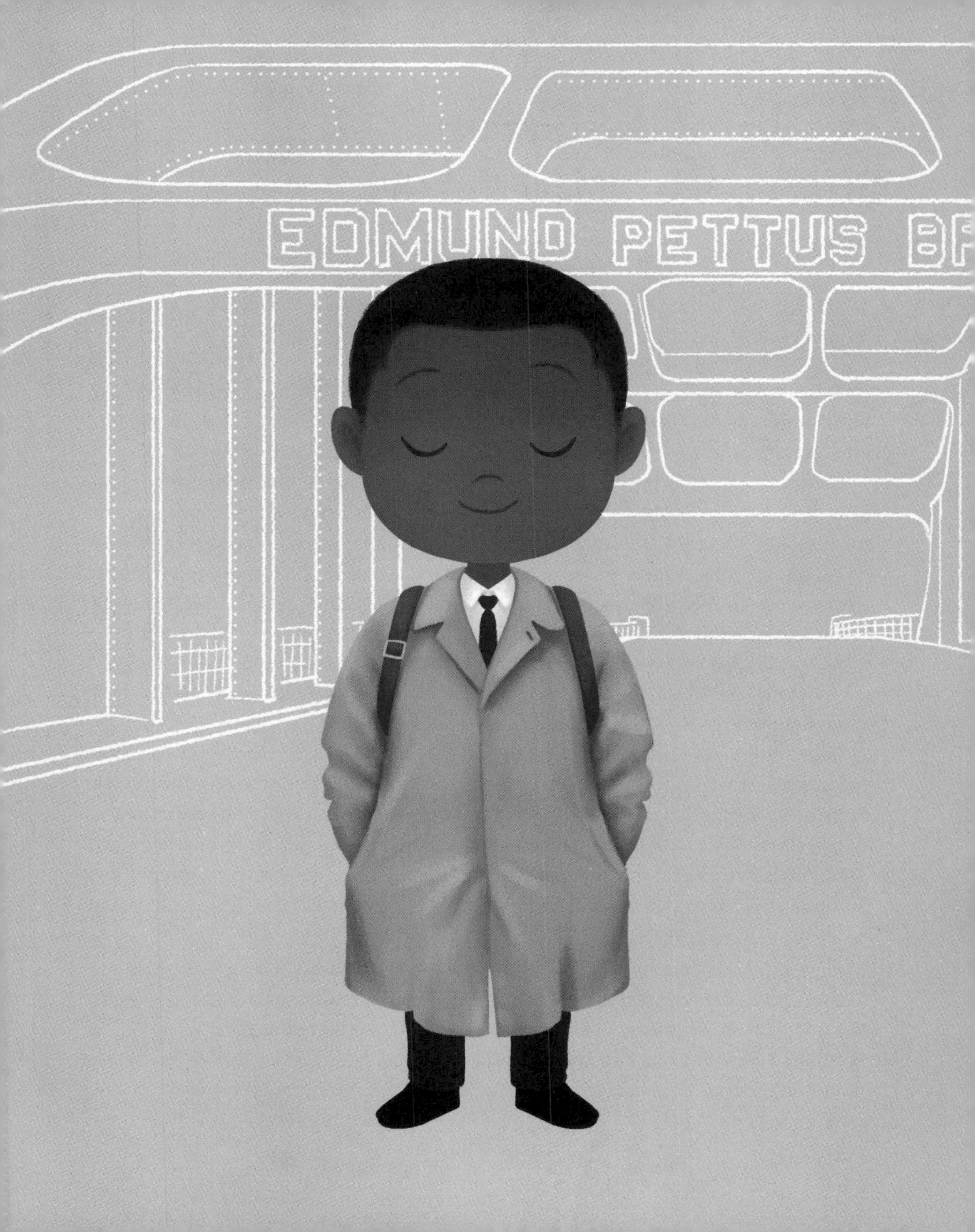
EDMUND PETTUS

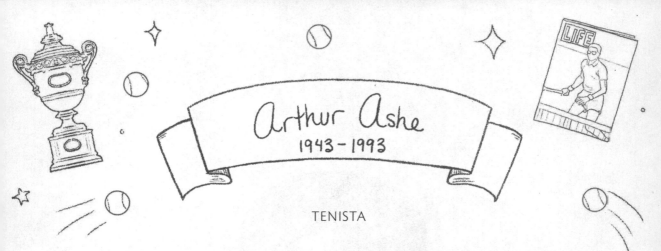

Arthur Ashe
1943 - 1993

TENISTA

En Richmond, Virginia, un niño negro no tenía probabilidades de jugar tenis, un deporte históricamente blanco. Por suerte, su padre hacía el mantenimiento de un parque con canchas para gente de su raza. ¡El pequeño Arthur tuvo una raqueta en sus manos a los seis años!

La segregación y otras formas de discriminación le impidieron seguir un entrenamiento regular hasta que conoció al doctor Robert Walter Johnson, que administraba un campamento de tenis para deportistas negros (incluida la campeona femenina Althea Gibson) en Lynchburg. Tanto el doctor Johnson como el padre de Arthur eran estrictos y disciplinados, y le enseñaron a mantener el aplomo siempre. Los deportistas negros tenían que ser extremadamente cuidadosos porque sus acciones en la cancha tenían consecuencias en el mundo real.

Arthur participó en torneos exclusivos para blancos, abriendo puertas a otros deportistas de color. En 1968, ganó el primer Abierto de los Estados Unidos de la era moderna y, en 1975, fue el primer jugador negro en llevarse la victoria en Wimbledon.

Con el Abierto de Suráfrica, Arthur encontró la oportunidad para hacer oír su voz. En aquella época existía un sistema semejante a la segregación conocido como *apartheid*, y el gobierno no le permitía entrar en el país para competir. Entonces, se hizo oír. Incluso llegó a una audiencia ante el congreso para decir: "Los deportistas, en especial los negros, deben usar todos los recursos a su disposición para corregir lo que está mal". En 1973, Suráfrica finalmente admitió su ingreso al país para jugar en el torneo. Con los años, Arthur siguió usando su voz para atraer la atención sobre el racismo en todo el mundo.

En los años ochenta, contrajo el virus de inmunodeficiencia humana (VIH) durante una cirugía de corazón. Mantuvo el diagnóstico en secreto hasta 1992, cuando lo aprovechó como una oportunidad para reivindicar los derechos de los seropositivos y los enfermos de sida como él.

Siguió haciéndose oír para dar voz a los marginados hasta que murió en 1993. Demostró que incluso una persona silenciosa puede convertirse en una poderosa voz para cambiar el mundo.

André Leon Talley
1949 – 2022

EDITOR DE MODA

André tuvo ojo para la moda desde niño. Lo crio su abuela, una trabajadora doméstica, en Durham, Carolina del Norte. Llevaban una vida austera y cuidaban mucho lo poco que tenían. Acudían a la iglesia los domingos con ropa recién planchada. Ir a una iglesia de una comunidad negra sureña era casi como ir a un desfile de modas, y André se dio cuenta del modo en que la ropa podía hacer que la gente se sintiera diferente. Con las prendas adecuadas, la gente de un pueblo pequeño podía transformarse en aristócratas. Su primer ejemplar de la revista *Vogue* lo vio en la biblioteca y pronto llegó a tener sus propias pilas compradas por él, con páginas prendidas en las paredes de su habitación.

Obtuvo una beca para estudiar Literatura Francesa en la Universidad de Brown, donde se hizo amigo de estudiantes de la cercana Escuela de Diseño de Rhode Island (RISD). Allí desarrolló su sentido de la moda, considerado icónico, al usar capas y sombreros fedora, y encontró su voz creativa al escribir una columna para el periódico estudiantil de RISD.

Tras graduarse, se mudó a Nueva York y conoció a su ídolo, Diana Vreeland, la visionaria directora de *Vogue* en ese entonces. Ella dirigía el Instituto del Traje del Museo de Arte Metropolitano. André hizo allí su pasantía, y causó tal impresión en ella que lo acogió y se convirtió en su mentora y amiga.

En 1983, logró su primer puesto en *Vogue*, viajando a desfiles de moda en todo el mundo. Cinco años después, se convirtió en el director creativo de la revista y, en 1998, pasó a ser el editor general. Históricamente, la industria de la moda había estado dominada por blancos de clase alta, con la revista *Vogue* como su principal bastión, y durante años, André, un altísimo negro de Carolina del Norte, fue una de sus voces más prominentes.

A pesar de la manera en que ascendió en la jerarquía de la moda, siempre tuvo los pies en el suelo, luchando activamente por la diversidad en la industria de la moda. Las personas con mayor influencia sobre él: su abuela y Diana Vreeland, ambas le mostraron un amor incondicional, y eso es lo que él reflejó en el mundo. André demostró que la gracia y la consideración nunca pasan de moda.

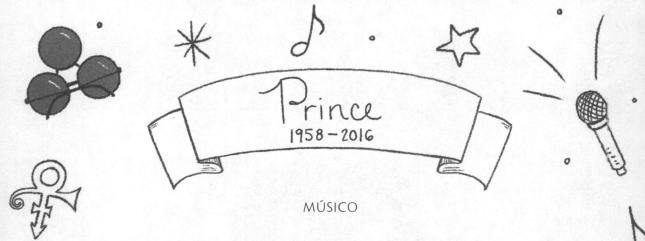

Prince
1958 – 2016

MÚSICO

Como sus padres eran músicos, Prince Rogers Nelson creció rodeado de música en Minneapolis. Comenzó a tocar el piano y compuso su primera canción a los siete años. Con el tiempo, aprendió a tocar la guitarra, el bajo y la batería por sí mismo.

El divorcio de sus padres, cuando tenía doce años, alteró su vida familiar. Para empeorar las cosas, padeció epilepsia y en la escuela lo molestaban porque era muy bajito. Era tímido e inseguro, pero todos sus problemas se desvanecían cuando se concentraba en la música.

Durante su adolescencia, tuvo su primera banda, Grand Central. Para equilibrar sus inseguridades, se vestía con trajes vistosos y era todo lo alocado, bullicioso y extraño posible cuando se presentaba. Su música era una mezcla de *funk*, disco, *rock*, *R&B*, y góspel. Nadie había oído nada parecido hasta entonces, y los productores se peleaban por conseguir que firmara un contrato con ellos.

En 1979, inició una nueva banda, Revolution, en la que había miembros blancos, negros, masculinos y femeninos. Cuando se presentaban, todos se vestían para llamar la atención y, a veces, los hombres llevaban ropa de mujer y las mujeres ropa de hombres. Esto incomodaba a algunas personas, pero inspiraba a sus seguidores a hacer lo que quisieran y ser ellos mismos, sin importar lo que pensaran los demás.

Prince y la Revolution hicieron algunos de los álbumes más vendidos, entre ellos *Parade, 1999* y *Purple Rain*, la banda sonora de la película del mismo nombre, protagonizada por… ¡Prince! En 1984, fue uno de los pocos artistas en lograr el número uno con un álbum y con una película, y llegó a ganar un premio Grammy y un Oscar.

A Prince le gustaba cambiar las cosas todo el tiempo, y su creatividad se alimentaba con cada cambio. Provocó asombro por sus decisiones audaces, y se le recuerda tanto por su estilo vistoso y personalidad como por las muchas canciones que compuso. Siempre procuró ayudar a las personas de su comunidad e, incluso, fue mentor de varios artistas promisorios. Fue un músico, compositor y vocalista virtuoso que pasará a la historia como uno de los grandes de la música.

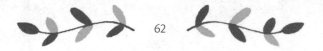

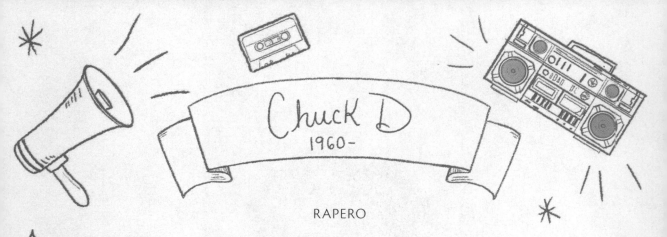

Chuck D
1960–

RAPERO

Chuck, cuyo nombre real es Carlton Ridenhour, siempre tuvo una voz poderosa. Creció en Long Island, cerca de Nueva York, y allí sus padres lo inscribieron en un curso de verano dirigido por exmiembros de las Panteras Negras, un partido político formado en los años sesenta, que alentaba el orgullo de la raza negra. Sus padres querían que aprendiera sobre su historia y que aprovechara su voz para despertar a su gente, pero en ese momento él estaba más interesado en mandar a sus hermanos menores y en practicar para convertirse en locutor deportivo. Al oír una nueva forma de música del Bronx llamada rap, quedó fascinado. Sin embargo, pasaría un tiempo antes de que combinara su voz, su comprensión de la historia y esta música.

Estudió diseño gráfico y creaba volantes para conciertos locales de hiphop, a la vez que era *DJ* junto con sus amigos en la estación de radio de la universidad. Cuando un productor quiso que firmara un contrato con la disquera Def Jam, pensó que ya estaba demasiado viejo para eso. Sin embargo, era precisamente su edad, lo que le daba una perspectiva diferente de la de los raperos más jóvenes.

Finalmente lo convencieron, y formó Public Enemy con sus compañeros de la radio. Para él, el rap era un medio para hablar sobre la comunidad negra y de influir sobre ella. Lo llamaba "el canal negro de la TV". Sus letras aludían al racismo, la política, la cultura, y la importancia de la unidad y la exaltación.

Al principio, su grupo tuvo dificultades porque sus letras eran demasiado políticas para pasarse en la radio, en tiempos en los que no era posible alcanzar el éxito sin sonar en este medio. Pero cuando el famoso director Spike Lee usó su canción *Fight the Power* (Combate el poder) en su película *Do the Right Thing* (Haz lo que debas, se le llamó en español), en 1989, su público creció.

En 2013, Public Enemy fue incluido en el Salón de la Fama del Rock and Roll, entre un reducido grupo de músicos de rap y hiphop ya admitidos. La inteligencia y la dedicación de Chuck al cambio político y social lo han convertido en una especie de líder respetado. Ha sido activista y artista (o *raptivista*, como él mismo se denomina), y su resonante voz se escuchará durante generaciones.

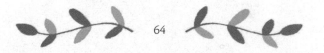

Dwayne McDuffie
1962–2011

AUTOR Y EDITOR DE CÓMICS

De niño, a Dwayne le gustaban dos cosas más que nada: las ciencias y la ciencia ficción. Participó en cuanta feria de ciencias pudo y leyó todos los cómics que cayeron en sus manos. Soñaba con algún día reunir sus dos pasiones y convertirse en astronauta, pero en secundaria sucedió algo que lo llevó por otro camino: por pura diversión, filmó una película graciosa sobre Batman. A todos les encantó, y Dwayne empezó a pensar que podría ganarse la vida creando historias.

Se graduó en la Universidad de Michigan con una maestría en Física, y en 1983 se fue a Nueva York a estudiar cine. Un día, un amigo le contó de una vacante en Marvel Comics, para hacerse cargo de las tarjetas intercambiables de superhéroes. Dwayne ascendió rápidamente en Marvel, y llegó a escribir para personajes como Spider-Man, Capitán Marvel y She-Hulk a la vez que creaba su propio cómic, *Damage Control* (Control de daños).

Durante su temporada en la industria del cómic, se dio cuenta de que no había muchos personajes de color, y los pocos que existían no parecían auténticos. Así que decidió ayudar a cambiar eso. En 1993, junto con otros creadores negros de cómic formaron la editorial Milestone Media, y publicaron sus propios cómics con toda una gama de personajes que representaban sus culturas. Narraban historias basadas en los temas del momento: racismo, violencia, pobreza y los combinaban con motivos favoritos de cómic: extraterrestres capaces de cambiar su forma y mutantes gigantes.

Milestone llegó a convertirse en la editorial de cómics de minorías más exitosa. Su cómic *Static Shock* tuvo una acogida sin precedentes y llegó a convertirse en una serie de dibujos animados para televisión, con Dwayne como guionista y productor. Era tan bueno que fue invitado a escribir para otras series animadas como *La liga de la justicia ilimitada* y *Los jóvenes titanes*. Pero él nunca olvidó sus raíces y regresó a los cómics para escribir para la *Liga de la justicia* y *Los cuatro fantásticos*.

Dwayne fue un verdadero defensor de un mundo del cómic más inclusivo, y a través de eso consiguió divertir e informar al público con fantasía y humor.

Leland Melvin
1964—

ASTRONAUTA

De niño, Leland no pensaba ser astronauta. Vio la llegada a la Luna en televisión, con su familia, pero al no ver a nadie como él, nunca lo incluyó en sus planes. Más bien, quería ser como Arthur Ashe, la estrella del tenis que había entrenado a cinco cuadras de su casa, en Lynchburg, Virginia.

Más o menos al mismo tiempo en que empezó a practicar deportes, recibió su primer juego de química y por accidente quemó el tapete de su casa. Lo asombró el poder de los químicos al mezclarse. Obtuvo una beca deportiva en la Universidad de Richmond y estudió Química a la vez que jugaba fútbol americano. Sus compañeros no podían creer que fuera académico y deportista a la vez. Tras graduarse, lo reclutaron para la Liga Nacional de Fútbol Americano (NFL). Una lesión en un tendón de la corva en un entrenamiento le impidió seguir jugando. Hubiera podido ser el final de sus sueños, pero su otra pasión, la ciencia, lo llamó.

Consiguió un trabajo en el Centro de investigación Langley de la NASA, y al mismo tiempo hizo su maestría en la Universidad de Virginia. En Langley, un amigo le propuso que se postulara como candidato a astronauta. ¡Fue aceptado al primer intento! Pero postularse no quería decir automáticamente que fuera a viajar al espacio. Empezó su entrenamiento y tuvo otro accidente. Estaba en el Laboratorio de Flotabilidad Neutra, una enorme piscina que servía para simular la sensación del espacio, cuando sufrió una lesión en el oído que lo dejó parcialmente sordo, no apto para los vuelos espaciales.

Pero eso no implicaba que hubiera dejado de ser un astronauta. Durante varios años trabajó en el Centro Espacial Johnson en Houston y visitó escuelas para hablar de la NASA. Tras cierta mejoría, fue aprobado de nuevo para viajes espaciales. En 2008, en el transbordador Atlantis, participó en la vigésima cuarta misión a la Estación Espacial Internacional.

Gracias al fútbol americano, Leland aprendió a perseverar y a trabajar en equipo, y a lo largo de su carrera como científico y astronauta practicó la paciencia y la adaptabilidad. En la vida, aprendió que no hay planes fijos, y que el trabajo duro y la dedicación le permitieron llegar muy alto.

Sir David Adjaye
1966–

ARQUITECTO

Hijo de un diplomático de Ghana, David vivió en muchos países durante su niñez. Conoció diversas culturas y formas artísticas. Cuando su hermano menor quedó parapléjico y tuvo que usar una silla de ruedas, la familia se radicó en Londres para tener acceso a un mejor tratamiento médico. David nunca olvidaría que habían tenido que ingresar a lugares y edificios por entradas para minusválidos mal concebidas y humillantes.

En la escuela se destacaba en muchas asignaturas, hasta que uno de sus profesores lo animó a tomar un curso de arte y descubrió la arquitectura. Entendió su capacidad para moldear sociedades y servir a comunidades. Tras estudiar en la Real Academia de Artes, viajó por el mundo entero, observando la manera en que los edificios funcionaban en su entorno. Los diseños de David se caracterizan por el uso de patrones, como influencia de su origen africano. Las ventanas verdes y azules de las tiendas Idea de Londres evocan el diseño de los textiles *kente*, y a la vez imitan los toldos que se ven desde el edificio.

La experiencia con su hermano lo hizo pensar en la responsabilidad social de los arquitectos. Su diseño para la Escuela de Gerencia de Moscú SKOLKOVO se compone de cuatro edificaciones conectadas entre sí para que nadie tenga que salir a la intemperie durante los helados inviernos rusos.

Con el Museo Nacional de Historia y Cultura Afroamericana, que abrió en 2016, trató de construir algo que fuera más que un simple edificio: un monumento que pudiera estar en el National Mall, no lejos de los monumentos a Washington y del Memorial de Martin Luther King. Debía ser una estructura bella que albergara recuerdos dolorosos, pero también quería que fuera una celebración gozosa de la historia de la raza negra en los Estados Unidos, por dentro y por fuera. Los diseños metálicos son influencia de los artesanos del sur, y los tres niveles del edificio se inspiran en una corona yoruba.

En 2017 fue condecorado por sus servicios a la arquitectura. Y sigue usando su curiosidad y su creatividad para hacer del mundo un lugar más hermoso, sin olvidar la consciencia social.

Más Pequeños héroes

Hay hombres excepcionales en todas partes. ¡Cuando estábamos trabajando en el proyecto de este libro, la lista original era de más de cien! Es una lástima que no haya manera de incluir a todos aquellos cuya historia merece ser contada, pero este libro constituye un testimonio de las cosas maravillosas que la gente ha hecho en este mundo.

No fue nada fácil llegar a la lista definitiva, así que "Más pequeños héroes", encontrarás otros dieciocho héroes increíbles de la historia. Algunos son bien conocidos, como el primer presidente negro de los Estados Unidos, o el hombre que dijo "Tengo un sueño", y otros podrán ser desconocidos, como aquel que le enseñó taxidermia a Charles Darwin o el primer afroestadounidense en viajar al espacio. Algunos de ellos tuvieron un papel importante en la vida de otros héroes que figuran en este libro. Aquí encontrarás un buen equilibrio si estás buscando aprender sobre alguien nuevo o si te animas a establecer relaciones entre ellos.

Para explorar más profundamente sobre estas figuras, la sección "Lecturas sugeridas" incluye diversos recursos que serán de gran ayuda.

JOHN EDMONSTONE

Finales del siglo XVIII–Fecha desconocida

Antiguo esclavo en la actual Guyana,
le enseñó taxidermia a Charles Darwin en la
Universidad de Edimburgo. Tras muchos
viajes por el mundo, pudo contarle a Charles
sobre la fauna y flora de Guyana
y Suramérica, y esto puede haberlo llevado
a estudiar historia natural.

VICENTE GUERRERO

1782–1831

Nació como campesino en México y fue líder
del ejército que peleó contra los españoles
para lograr la independencia de su país en
1821. Como segundo presidente de México,
en 1829, instauró impuestos para ayudar a los
pobres y abolió la esclavitud.

W. E. B. DU BOIS
1868–1963

Intelectual y activista que ayudó a formar la NAACP en 1909, para luchar por los derechos civiles de la comunidad negra. Ayudó a fundar la revista *Crisis* y escribió muchos libros sobre el racismo y sus efectos, entre ellos el clásico *The Souls of Black Folk*, que aún se lee hoy en día.

GEORGE DIXON
1870–1909

Muchos lo consideran el mejor pugilista del siglo XIX. Fue el primer campeón mundial negro en deportes en general, y el primer campeón de boxeo canadiense. Se coronó como el mejor en peso gallo y peso pluma, por su estilo rápido y audaz.

CARTER G. WOODSON

1875–1950

Siempre ávido de conocimiento, viajó por el mundo y conoció muchas personas. Se dio cuenta de la importancia del pasado para entender el presente. Creó la Semana de la Historia de los Negros en 1926, que luego pasó a ser el Mes de la Historia Negra, y es autor de muchos libros sobre el tema.

FREDERICK "FRITZ" POLLARD

1894–1986

Primer entrenador afro y nativo americano de lo que se convertiría en la NFL. Primer jugador afroamericano en competir en el Rose Bowl, con la Universidad de Brown en 1916, y en ganar un campeonato en 1920 con los Akron Pros. Apodado el Torpedo Humano.

ROBERT "WHIRLWIND" JOHNSON

1899–1971

El primer médico negro con licencia para ejercer en el Hospital General de Lynchburg. Creó también un programa de tenis para niños negros, para acabar con la segregación en el tenis en Virginia e inculcar valores positivos. Althea Gibson y Arthur Ashe fueron sus alumnos más famosas.

BAYARD RUSTIN

1912–1987

Líder temprano del Movimiento por los Derechos Civiles, y además abiertamente gay. Mentor de Martin Luther King, le enseñó sobre la protesta no violenta. Fue uno de los principales organizadores de la Marcha sobre Washington por el Trabajo y la Libertad en 1963.

NELSON MANDELA

1918–2013

Como miembro del Congreso Nacional Africano, luchó contra el *apartheid* en Suráfrica, y eso lo llevó a veintiséis años en prisión. Por presiones de grupos *anti-apartheid* en todo el mundo, el gobierno lo liberó en 1990. Nelson ayudó a acabar con el *apartheid* y fue elegido presidente de su país en 1994.

JACKIE ROBINSON

1919–1972

Rompió la barrera de color en las Grandes Ligas de Béisbol (MLB) al ganar el premio al mejor jugador dos años consecutivos. Su éxito en este deporte demostró que las personas de raza negra pueden sobresalir si juegan en términos justos. Inspiró a mucha gente para luchar por la igualdad.

MEDGAR EVERS

1925–1963

Como secretario de la NAACP en Mississippi, organizó boicots a negocios segregados y ayudó a registrar como votantes a personas negras. Investigó el linchamiento de Emmett Till. Su muerte, a manos de un supremacista blanco, llevó a que muchos en su estado y en el país entero lucharan por los derechos civiles.

MALCOLM X

1925–1965

Cuando su familia se convirtió en objetivo de ataques de supremacistas blancos, el joven Malcolm se hizo delincuente. En la cárcel se convirtió al islam y llegó a ser el vocero de la Nación Islámica. Como estudioso, desarrolló una filosofía del empoderamiento y la autodeterminación afro y luchó por los derechos civiles y humanos en general.

BERRY GORDY
1929-

Fundador de Motown, ayudó a popularizar el *rhythm and blues* y a crear el sonido de varios de los artistas más notables de los años sesenta y setenta. Impulsó la carrera de The Temptations, Diana Ross and the Supremes, Stevie Wonder y The Jackson 5.

MARTIN LUTHER KING JR.
1929–1968

Inspiración de millones y uno de los más importantes líderes de los derechos civiles. Como presidente de la Conferencia de Liderazgo Cristiano del Sur, presionó al gobierno de los Estados Unidos para aprobar la Ley de Derechos Civiles de 1964 y la Ley de Derecho al Voto de 1965.

FLOYD NORMAN

1935-

Primer animador en Disney, trabajó en *La Bella Durmiente, Mulan, Toy Story 2* y otras. Cofundador de Vignette Films, productora de películas sobre historia afro y autor de muchos libros de caricatura, técnicas de animación y la industria del cine.

GUION "GUY" BLUFORD

1942-

Primer afroamericano en el espacio en 1983. Participó en cuatro misiones del transbordador en nueve años, alcanzando 688 horas en el espacio. Allí estudió los efectos de los viajes espaciales en el cuerpo humano, entre muchos otros experimentos científicos.

DJ KOOL HERC

1955-

Uno de los fundadores de la música hiphop. Desarrolló el sonido como *DJ* en fiestas del Bronx, en los años setenta. Inventó la técnica "carrusel", en el cual se usan dos tocadiscos para extender las secciones instrumentales de las canciones.

BARACK OBAMA

1961-

Primer presidente negro de los Estados Unidos, galardonado con el Premio Nobel de la Paz en su primer periodo. Ayudó a que el país saliera de la recesión de 2008 y logró que la Ley de Cuidado de Salud Asequible fuera aprobada, para que la atención en salud llegara a millones de personas.

Otras lecturas

VER Y ESCUCHAR

Mi lugar preferido para comenzar a investigar sobre personajes increíbles es directamente de la fuente. Me encanta ver entrevistas y leer autobiografías. Esta sección reúne todo tipo de recursos, libros, música y películas, creaciones de estos hombres talentosos sobre los cuales acabas de leer. Estas herramientas sirven para seguir investigando y descubriendo después de haber terminado el libro.

SUS LIBROS

James Baldwin: *Little Man, Little Man: A Story of Childhood* (Pequeño hombre, pequeño hombre. Una historia de infancia)

Frederick Douglass: *Narrative of the Life of Frederick Douglass* (Historia de la vida de Frederick Douglass)

Langston Hughes: *The Weary Blues* (El blues cansado)

Dwayne McDuffie: *Static Shock* (Impacto estático)

Leland Melvin: *Chasing Space (Young Readers' Edition)* [Conquistando el espacio (Edición Juvenil)]

Barack Obama: *Of Thee I Sing: A Letter to My Daughters* (A ti te canto: una carta a mis hijas)

SUS PELÍCULAS

The Learning Tree (1969) [El árbol del aprendizaje]: Guion y dirección de Gordon Parks

Borom Sarret (1968) [El carretero]: Guion y dirección de Ousmane Sembène

Static Shock (serie televisiva, 2000–2004) [Impacto estático]: Creada por Dwayne McDuffie

The Symbol of the Unconquered (1920) [El símbolo de lo incosquistado]: Guion y dirección de Oscar Micheaux